Impressum
Verlag: BABADADA GmbH, Nedderfeld 112 , 22529 Hamburg
Geschäftsführer / Verlagsleitung: Harald Hof
Druck: Books on Demand GmbH, In de Tarpen 42, 22848 Norderstedt

Imprint
Publisher: BABADADA GmbH, Nedderfeld 112 , 22529 Hamburg, Germany
Managing Director / Publishing direction: Harald Hof
Print: Books on Demand GmbH, In de Tarpen 42, 22848 Norderstedt, Germany

# ښوونځی
## skole

klasseværelse
تقسیم
dividere
186/2
tavle
ښوونکی
lærer
د ښوونځي حویلۍ
skolegård
ورق
papir
لیکل
skrive
قلم
pen
skrivebord
خط کش
lineal
کتاب
bog
زده کوونکی
elev

کڅوړه
skoletaske

د پنسل بکسه
penalhus

پنسل
blyant

پنسل تراش
blyantspidser

ربړ
viskelæder

د رسامۍ پاڼه
tegneblok

2 ښوونځی - skole

رسامي
..................
tegning

د نقاشۍ برس
..................
pensel

د نقاشۍ بکس
..................
æske med vandfarver

قيچي
..................
saks

سريښ
..................
lim

د تمرين كتاب
..................
opgavehefte

کورنۍ دنده
..................
lektie

شمير
..................
tal

جمع
..................
addere

منفي
..................
subtrahere

ضرب
..................
multiplicere

حساب
..................
regne

توری
..................
bogstav

الفبا
..................
alfabet

کلمه
..................
ord

متن

tekst

لوستل

læse

تباشیر

kridt

درس

time

راجستر

klasseprotokol

ازموینه

eksamen

تصدیق پاڼه

karakterbog

د ښوونځي یونیفارم

skoleuniform

تعلیم

uddannelse

دایره المعارف

leksikon

پوهنتون

universitet

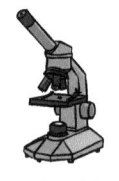

مایکروسکوپ

mikroskop

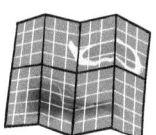

نقشه

kort

اشغالدانی

papirkurv

# سفر
# rejse

هوټل
hotel
ليليه
herberg
د اسعارو د تبادلې دفتر
vekselkontor
بکس
kuffert
موټر
bil

ژبه

sprog

هو/نه

ja / nej

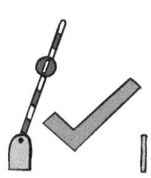

سمه ده

okay

سلام

hej

ژباړونکی

oversætter

مننه

tak

څومره دي...؟

hvad koster...?

زه نه پوهيږم

Jeg forstår ikke

ستونزه

problem

ماښام مو پخير!

God aften!

سهار په خير!

God morgen!

شپه په خير!

God nat!

په مخه مو ښه

farvel

لارښود

retning

سامان

bagage

بيګ

taske

شاتنی بکس

rygsæk

میلمه

gæst

خونه

værelse

د خوب کڅوړه

sovepose

خيمه

telt

د توریزم معلومات

..................

turistinformation

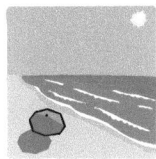

ساحل

..................

strand

کریډیټ کارت

..................

kreditkort

ناری

..................

morgenmad

د غرمې خواړه

..................

middagsmad

د شپې خواړه

..................

aftensmad

ټیکټ

..................

billet

لفټ

..................

elevator

مهر

..................

frimærke

پوله

..................

grænse

ګمرک

..................

told

سفارت

..................

ambassade

ویزه

..................

visum

پاسپورټ

..................

pas

# ټرانسپورټ

# transport

الوتکه
flyvemaskine
skib
د اور ماشين
brandbil
بس
bus
ټرک
lastbil
موټرکښتۍ
motorbåd
موټر
bil
بايک
cykel

کښتۍ

færge

کښتۍ

båd

موټرسايکل

motorcykel

د پولیسو موټر

politibil

د ریس موټر

racerbil

کرايي موټر

lejebil

د کرایه موټري
................
samkørsel

جرثقیل لرونکی ټرک
................
kranbil

ریفیوز ټرک
................
skraldebil

موټر
................
motor

سونګ توکي
................
benzin

پټرول سټیشن
................
tankstation

ترافیکي نښه
................
trafikskilt

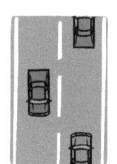

ترافیک
................
trafik

جام ترافیک
................
trafikprop

د موټرو تمځای
................
parkeringsplads

د ریل سټیشن
................
banegård

پاټکي
................
skinner

ریل
................
tog

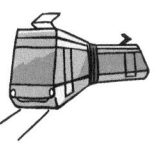

ټرام
................
sporvogn

واګون
................
wagon

چورلکه

helikopter

هوايي ډګر

lufthavn

برج

tårn

مسافر

passager

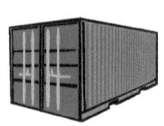

کانټينر

container

کارتون

karton

کارټ

kærre

ټوکرى

kurv

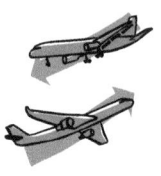

الوتنه کول/کښېناستل

starte / lande

## ښار

## by

کلی

landsby

د ښار مرکز

bymidte

کور

hus

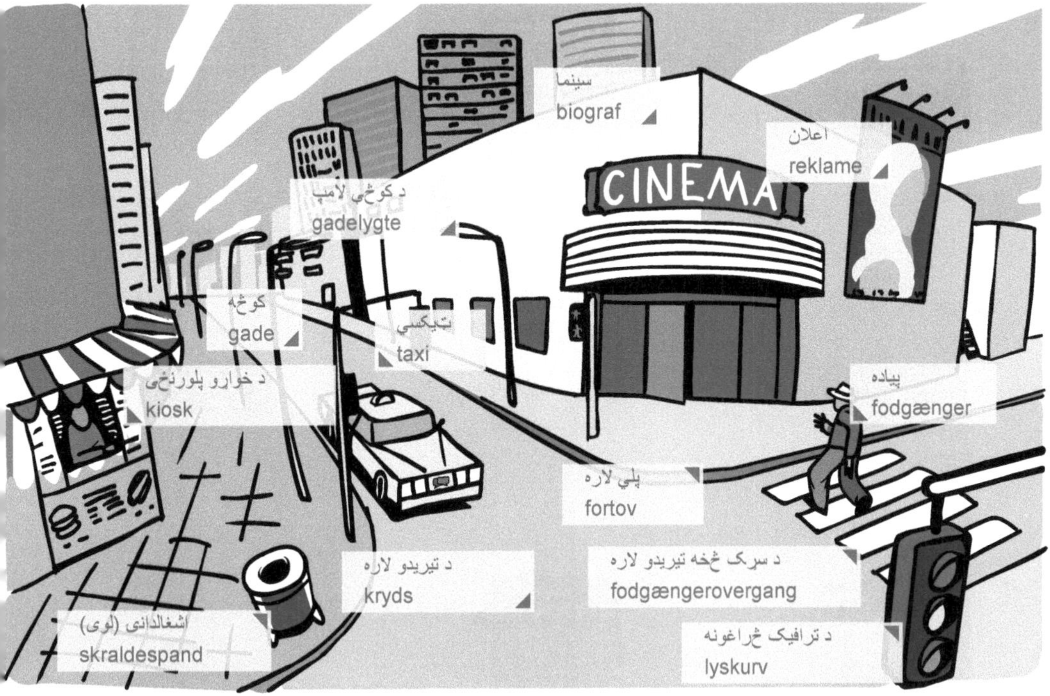

سینما
biograf
اعلان
reklame
CINEMA
د کوڅې لامپ
gadelygte
کوڅه
gade
ټیکسي
taxi
د خوارو پلورنځی
kiosk
پیاده
fodgænger
پلي لاره
fortov
د تیریدو لاره
kryds
د سرک څخه تیریدو لاره
fodgængerovergang
اشغالدانی (لوی)
skraldespand
د ترافیک څراغونه
lyskurv


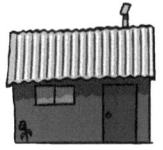

کوډله

hytte

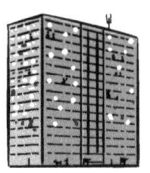

اپارتمان

lejlighed

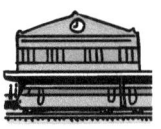

د ریل سټیشن

banegård

ټاون هال

rådhus

MUSEUM


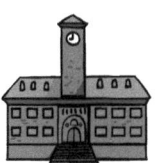

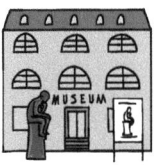

میوزیم

museum

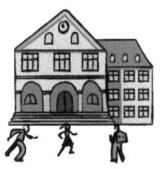

ښوونځی

skole

پوهنتون
universitet

بانک
bank

روغتون
sygehus

هوټل
hotel

درملتون
apotek

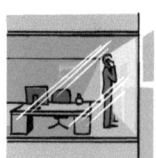

دفتر
kontor

کتاب پلورنځی
boghandel

پلورنځی
butik

د ګلانو پلورنځی
blomsterbutik

لوی پلورنځی
supermarked

مارکیټ
marked

د ډیپارټمنټ سټور
stormagasin

کب پلورنځی
fiskehandler

د پلور مرکز
butikscenter

لنګرتون
havn

پارک
.................
park

بینچ
.................
bænk

پل
.................
bro

زینه
.................
trappe

د ځمکي لاندې
.................
undergrundsbane

تونل
.................
tunnel

بس تمځای
.................
busstoppested

بار
.................
barnevogn

ریستورانت
.................
restaurant

پوست بکس
.................
postkasse

د کوڅې نښه
.................
vejskilt

د پارک کولو میټر
.................
parkometer

ژوبڼ
.................
zoo

د لامبو حوض
.................
badeanstalt

مسجد
.................
moske

کرونده
bondegård

ناپاکي
miljøforurening

هدیره
kirkegård

چرچ
kirke

د لوبو ډګر
legeplads

معبد/کلیسا
tempel

# منظره
# landskab

blad
د لارښوونې نښه
vejviser
لاره
vej
چمن
eng
sten
træ
هیکر
vandrer
سیند
flod
واښه
græs
ګل
blomst

دره

dal

غونډۍ

bjerg

ناور

sø

ځنګل

skov

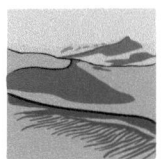

دښته

ørken

اورشیندی

vulkan

کلا

slot

رنګین کمان

regnbue

مرخیړي

svamp

پلم ونه

palme

ماشي

moskito

الوتل

flue

میږی

myre

مچۍ

bi

غونډل/جولا

edderkop

ګونګټ
................
bille

چونګښه
................
frø

نولی
................
egern

زیږکی
................
pindsvin

سوی
................
hare

ګونګ
................
ugle

مرغی
................
fugl

قازه
................
svane

نرخوګ
................
vildsvin

هوسی
................
hjort

ګاوزه
................
elg

بند
................
dæmning

بادي توربين
................
vindmølle

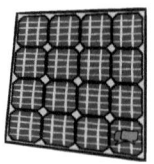

سولر تختي
................
solcellemodul

اقليم
................
klima

# ریستورانټ

# restaurant

پیشخدمت
tjener
مینو
spisekort
چوکی
stol
سوپ
suppe
پیزا
pizza
بڼاخی، چاقو، کاشوغه
bestik
د میز پوښ
borddug

سټارټر
forret

اصلي خواړه
hovedret

شیریني
dessert

څښاک
drikkevarer

خواړه
mad

بوتل
flaske

فاسټ فوډ

fastfood

د کوڅې خواړه

streetfood

چای جوش

tekande

قندانی

sukkerdåse

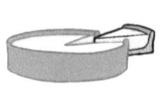

برخه

portion

اسپرسو مشین

espressomaskine

لوړه چوکی

barnestol

رسید

faktura

مجمه

tablet

چاکو

kniv

پنجه

gaffel

قاشق

ske

چای قاشق

teske

سورویت

serviet

گلاس

glas

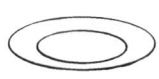

پلیټ

tallerken

د سوپ پلیټ

dyb tallerken

نالبکی

underkop

ساس

sovs

مالګه شیندونکی

saltbøsse

د مرچ ټکولو لوخی

peberkværn

سرکه

eddike

غوړي

olie

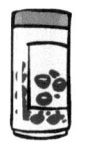

مساله

krydderier

کچ اپ

ketchup

شرشم

sennep

چکه

mayonnaise

# لوی پلورنځی
# supermarked

tilbud
FOR
پیرودونکی
kunde
لبنیات
mælkeprodukter
میوه
frugt
لاسي څرخ
indkøbsvogn

قصابي
..................
slagter

نانوایی
..................
bageri

وزن کول
..................
veje

سبزیجات
..................
grøntsager

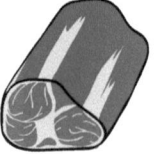

غوښه
..................
kød

کنګل خواړه
..................
frostvarer

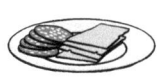

یخه غوښه

pålæg

کنسروا خواړه

konserves

د مینځلو پوډر

vaskemiddel

شیریني

slik

کورني تولیدات

husholdningsvarer

د پاکولو محصولات

rengøringsmidler

د پلور فرد

ekspedient

د نغدي راجستر

kasse

صراف

kasserer

د پیرود لیست

indkøbsliste

کاري ساعتونه

åbningstider

بټوه

tegnebog

کریډیټ کارت

kreditkort

کڅوړه

taske

پلاستیک کڅوړه

plasticpose

# څښاک
# drikkevarer

اوبه

vand

جوس

saft

شیده

mælk

کوک

cola

واین

vin

بیر

øl

الکول

alkohol

ککاو

kakao

چای

te

کافي

kaffe

اسپرسو

espresso

کپچینو

cappuccino

# خواړه
# mad

کیله

................

banan

مڼه

................

æble

نارنج

................

appelsin

هندواڼه

................

melon

لیمو

................

citron

گازره

................

gulerod

هوږه

................

hvidløg

بانکس

................

bambus

پیاز

................

løg

مرخیړي

................

svamp

چغزی

................

nødder

آش

................

nudler

سپيګټي

spaghetti

وريجي

ris

سلاد

salat

چپس

pomfritter

سره کړي کچالو

stegte kartofler

پيزا

pizza

همبرګر

hamburger

ساندويچ

sandwich

کتره

schnitzel

د پتون غوښه

skinke

سلمي

salami

ساسچ

pølse

چرګ

kylling

روسټ

steg

کب

fisk

د وربشي شيرني

havregryn

موسلي

mysli

د جوار پلی

cornflakes

اوړه

mel

کروسانت

croissant

د ډوډی رول

rundstykke

ډوډی

brød

ټوسټ

toast

بسکیټ

kiks

کوچ

smør

چکه

kvark

کیک

kage

هګی

æg

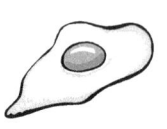

پښږي هګی

spejlæg

پنیر

ost

آيس كريم
........
is

بوره
........
sukker

شهد
........
honning

مربا
........
marmelade

نوگات كريم
........
nougat-creme

كوركمان
........
karry

# کرونده

# bondegård

د کروندي خونه
bondehus
غوجل
skur
د بوسو گیډی
halmballer
ځمکه
mark
اس
hest
anhænger
کوچنی اس
føl
traktor
خر
æsel
پسه
får
وری
lam

وزه

ged

غوا

ko

خوسکی

kalv

خوک

svin

د خوک بچی

gris

غویی

tyr

بته
.................
gås

هیلی
.................
and

چرګوری
.................
kylling

چرګه
.................
høne

بانګي
.................
hane

سارای موږک
.................
rotte

پیشک
.................
kat

موږک
.................
mus

غویی
.................
okse

سپی
.................
hund

د سپي خونه
.................
hundehus

د باغ هوز
.................
haveslange

د اوبو لوخی
.................
vandkande

لور (داس)
.................
le

یوی
.................
plov

لور

segl

رمبی

hakkejern

ښاخی

møggreb

تبر

økse

کراچۍ

trillebør

ناوه

trug

د شیدو لوخی

mælkekande

جوال

sæk

کټاره

hæk

مضبوط

stald

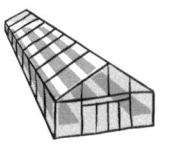

شنه خونه

drivhus

خاوره

jord

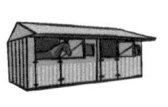

تخم

frø

سره/کود

gødning

ګډ ریبونکی ماشین

mejetærsker

زیرمه کول

..................

høste

درمند

..................

høst

خواږه کچالو

..................

yams

غنم

..................

hvede

سویا

..................

soja

کچالو

..................

kartoffel

جوار

..................

majs

نباتي تخم

..................

raps

د میوې ونه

..................

frugttræ

مانیوک

..................

maniok

غله

..................

korn

# کور

# hus

skorsten
tag
ناودان
tagrende
vindue
garage
د دروازې زنګ
dørklokke
دروازه
dør
اشغالدانۍ
skraldespand
د لیک بکس
postkasse
باغ
have

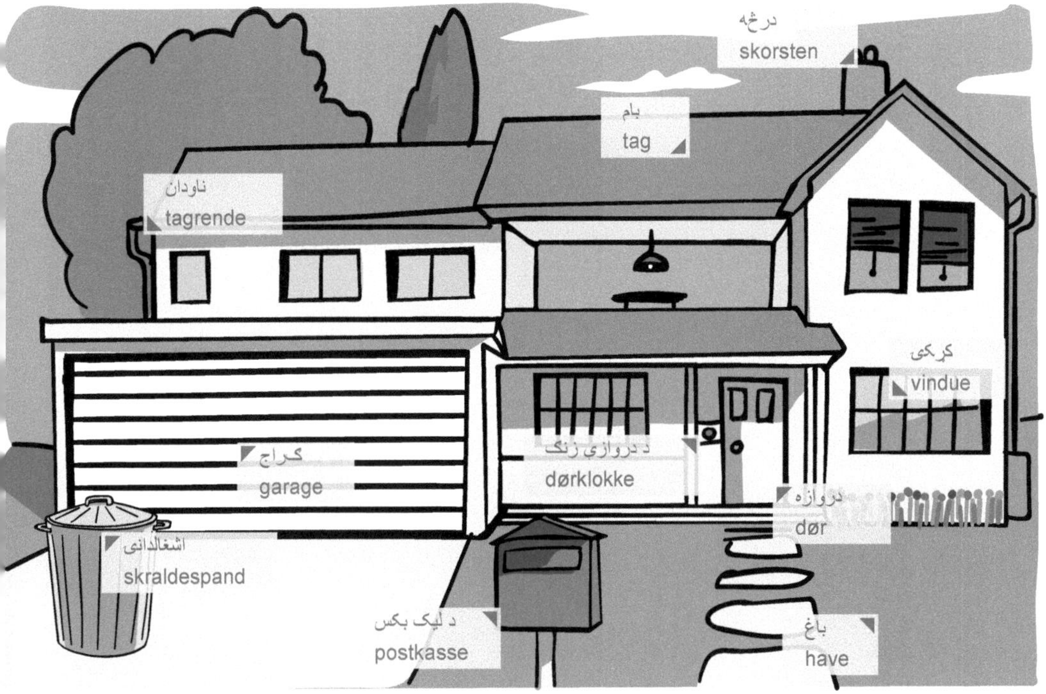

د اوسیدو خونه
..................
stue

حمام
..................
badeværelse

پخلنځی
..................
køkken

د ویده کیدو خونه
..................
soveværelse

د ماشوم خونه
..................
børneværelse

د خوړو خونه
..................
spisestue

فرش

gulv

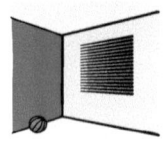

دیوال

væg

چت

loft

زیرخانه

kælder

سونا

sauna

بالکوني

altan

ټراس

terrasse

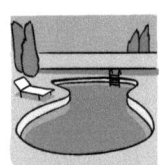

حوض

svømmehal

د چمن وهلو ماشین

plæneklipper

شیټ

dynebetræk

روجایی

dyne

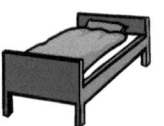

تخت

seng

جارو

kost

بوکه

spand

سویچ

kontakt

# د اوسیدو خونه

## stue

والپیپر
tapet
عکس
billede
لامپ
lampe
شیلف
reol
الماری
skab
تلویزیون
fjernsyn
نغری
pejs
blomst
بالښت
pude
صوفه
sofa
ګلدانی
vase
ریموټ کنټرول
fjernbetjening

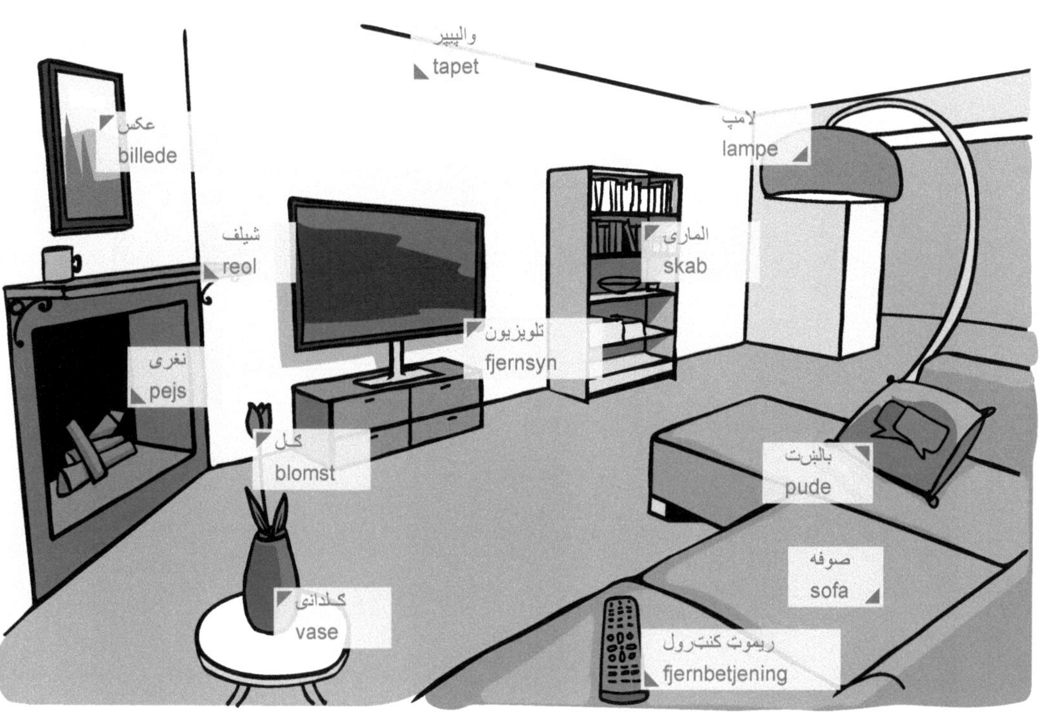

غالی
gulvtæppe

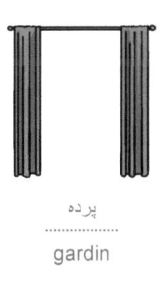

پرده
gardin

میز
bord

چوکی
stol

تاویدونکي چوکی
gyngestol

بازو لرونکی چوکی
lænestol

کتاب

bog

کمپل

tæppe

ډیکوریشن

dekoration

د اور لرګي

brænde

فلم

film

هایفای

stereoanlæg

کلي

nøgle

ورځپاڼه

avis

نقاشي

maleri

پوستر

plakat

راډیو

radio

کتابچه

notesblok

واکیوم جارو

støvsuger

کاکتوس

kaktus

شمع

lys

# پخلنځی
# køkken

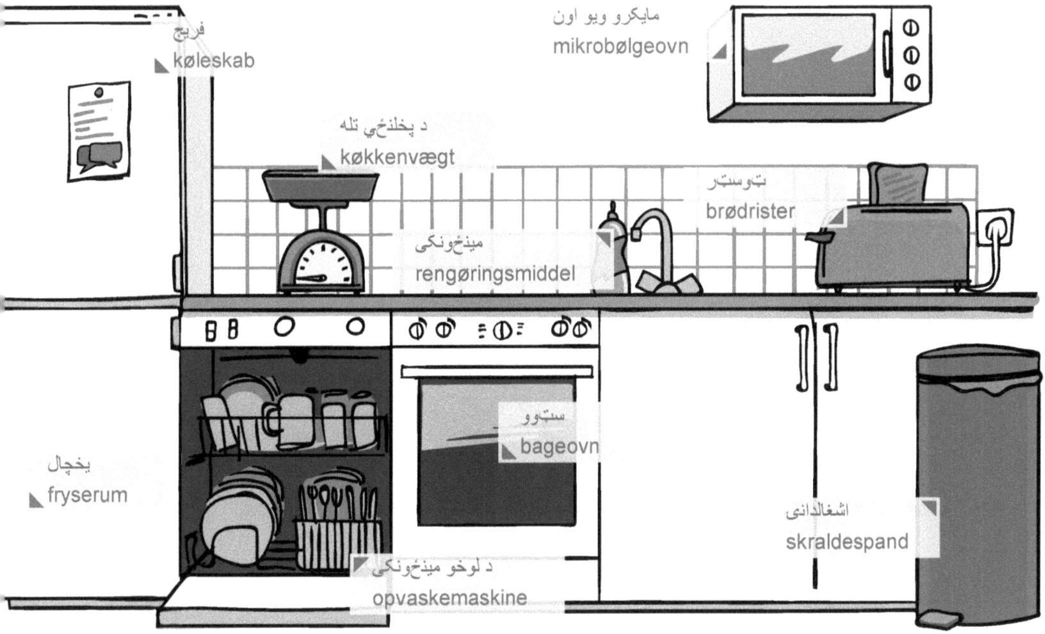

فریج
køleskab
مایکرو ویو اون
mikrobølgeovn
د پخلنځي تله
køkkenvægt
ټوستر
brødrister
مینځونکی
rengøringsmiddel
یخچال
fryserum
سټوو
bageovn
اشغالدانی
skraldespand
د لوخو مینځونکی
opvaskemaskine


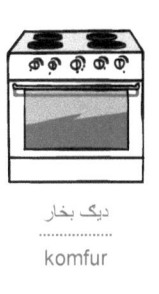

دیگ بخار

komfur

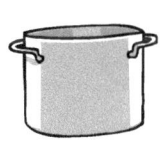

لوخی

gryde

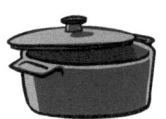

چدني لوخی

jerngryde

ووک

wok / kadai

د تلي په

pande

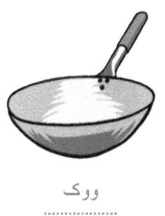

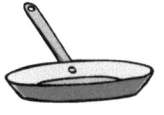

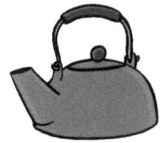

چای جوش

elkedel

د بخار دیگ

dampkoger

پتنوس

bageplade

لوخي

service

مګ

bæger

کاسه

skål

د رانیولو اوزار

spisepinde

څمڅۍ

øseske

کفگیر

paletkniv

پاکونکی

piskeris

صافي

dørslag

غلبیل

si

گریټر

rive

اونګ

morter

بار بي کیو

grille

خلاص اور

ildsted

تخته

.................

skærebræt

هوارونکی

.................

kagerulle

کارک سکریو

.................

proptrækker

ټیم

.................

dåse

د ټیم خلاصونکی

.................

dåseåbner

د لوخي ټوټه

.................

grydelap

ظرف شوی

.................

køkkenvask

برس

.................

børste

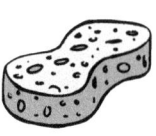

سپنج

.................

svamp

بلینډر

.................

blender

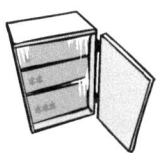

ژور یخچال

.................

dybfryser

د ماشوم بوتل

.................

sutteflaske

نل

.................

vandhane

# حمام
# badeværelse

تودول
radiator
شاور
brusebad
جان پاک
håndklæde
د شاور پرده
bruserforhæng
ببل حمام
skumbad
د حمام ټب
badekar
glas
د مینځلو مشین
vaskemaskine
نل
vandhane
fliser
یو ډول کمود
tissepotte
ظرف شوی
køkkenvask

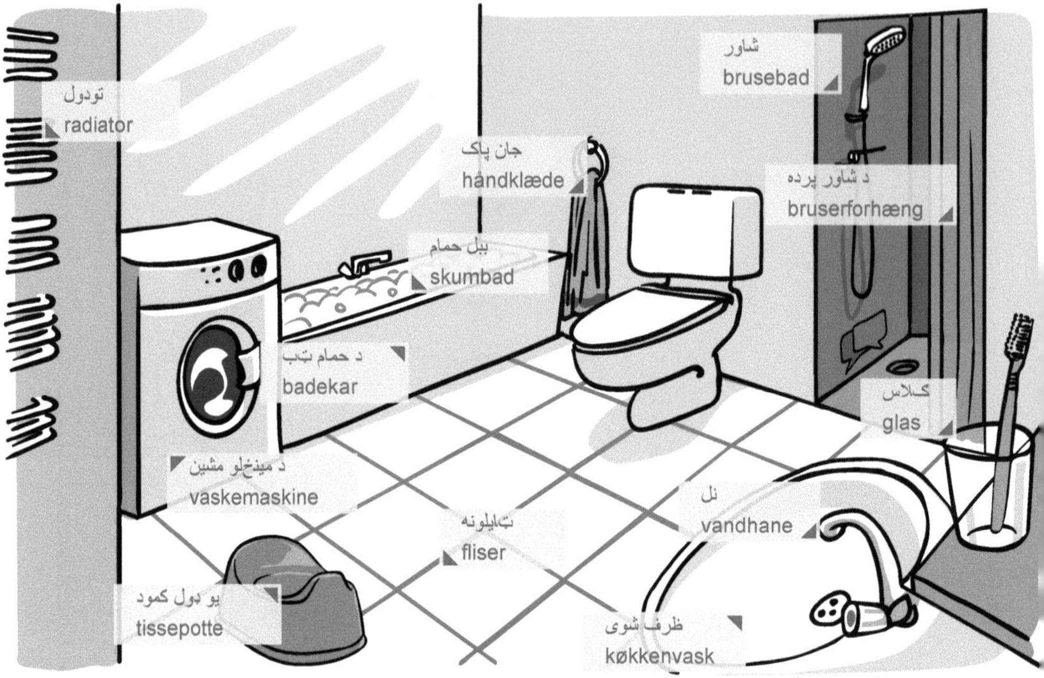

تشناب
..................
toilet

فرشي کمود
..................
hugsiddende toilet

کمود
..................
bidet

د متیازو ځای
..................
pissoir

تشناب کاغذ
..................
toiletpapir

د تشناب برس
..................
toiletbørste

د غاښونو برس

tandbørste

د غاښونو کریم

tandpasta

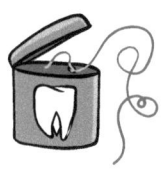

د غاښونو نخ

tandtråd

مینځل

vaske

لاسي شاور

håndbruser

دوش

intimbruser

خانک

vaskefad

د شا برس

badebørste

صابون

sæbe

د شاور ژل

brusegele

شامپو

shampoo

فلانل جامه

vaskeklud

وچول

afløb

کریم

creme

سپری

deodorant

آینه

spejl

لاسي آینه

kosmetikspejl

ریزر

barberhøvl

د خریلو فوم

barberskum

د خریلو ورروسته

barbervand

ګمنځ

kam

برس

børste

د ویښتانو وچونکی

hårtørrer

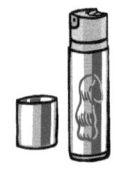

د ویښتانو سپری

hårspray

میک اپ

makeup

لیپ سټیک

læbestift

د نوکانو پالش

neglelak

کاټن وړی

vat

ناخن ګیر

neglesaks

عطر

parfume

د مینځلو کڅوړه

..................

toilettaske

سټول

..................

skammel

د وزن کولو تله

..................

vægt

د حمام پوښاک

..................

badekåbe

د ربړ دستکش

..................

gummihandsker

ټامپون

..................

tampon

صحیي جان پاک

..................

damebind

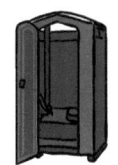

کیمیکل تشناب

..................

kemisk toilet

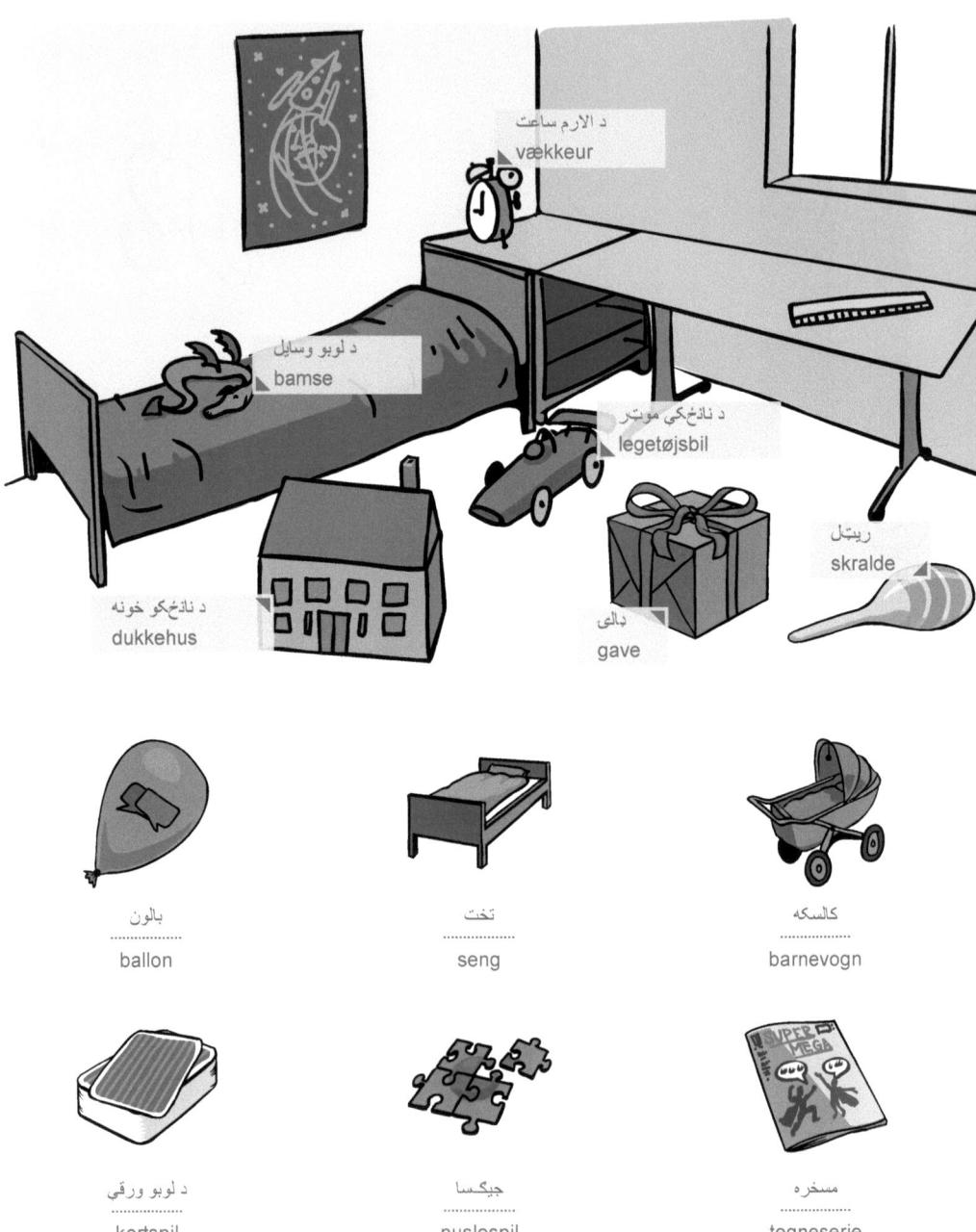

د الارم ساعت
vækkeur

د لوبو وسايل
bamse

د ناډخکي موټر
legetøjsbil

ریتل
skralde

د ناډخکو خونه
dukkehus

ډالۍ
gave

بالون
ballon

تخت
seng

کالسکه
barnevogn

د لوبو ورقۍ
kortspil

جيګسا
puslespil

مسخره
tegneserie

ليکو بريک

legoklodser

د ناڼځکو بلاک

byggeklodser

د اکشن فيګور

action figur

د ماشوم پوښاک

sparkedragt

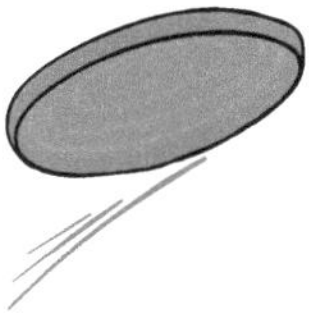

فريزبي

frisbee

موبايل

uro

بورډ لوبه

brætspil

تاس

terning

ماډل ريل سيټ

modeljernbane

ګونګشی

sut

پارټي

fest

د عکسونو البوم

billedbog

بال

bold

ناڼځکه

dukke

لوبيدل

lege

د شګو کنده
.................
sandkasse

سوينګ
.................
gynge

نانځکي
.................
legetøj

د ويډيو لوبو کنسول
.................
spillekonsol

ټرای سايکل
.................
trehjulet cykel

ګوډکه
.................
bamse

د کالو الماری
.................
klædeskab

# پوښاک

# tøj

جرابي
.................
sokker

لوړي جرابي
.................
strømper

ټايټس
.................
strømpebukser

زروكی
sjal

چتری
paraply

تي شرت
T-shirt

كمربند
bælte

بوټان
støvler

سلپر
hjemmesko

سنيکر
sneakers

سینډل
..............
sandaler

بوټان
..............
sko

د ربر بوټان
..............
gummistøvler

زیرنیکري
..............
underbukser

سينه بند
..............
BH

واسکټ
..............
undertrøje

بادي

body

پتلون

bukser

جينز

jeans

لمن

nederdel

بلاوز

bluse

شرټ

skjorte

بنيان

pullover

سويټر

sweatshirt

بليزر

blazer

جاکټ

jakke

کوټ

frakke

د باران کوټ

regnfrakke

پوښاک

kostume

کالي

kjole

د واده پوښاک

brudekjole

دريشي

................

jakkesæt

د شپې پوښاک

................

nattrøje

پاجامه

................

pyjamas

ساړي

................

sari

لوپټه

................

hovedtørklæde

پټکی

................

turban

برقه

................

burka

کفتن

................

kaftan

عبا

................

abaya

د لامبو پوښاک

................

badedragt

نيکر

................

badebukser

شارټ

................

korte bukser

د ځغاستې پوښاک

................

træningsdragt

پيش بند

................

forklæde

دستکش

................

handsker

بټن

knap

عینک

briller

لاس بند

armbånd

غاړه کی

kæde

ګوتمه

ring

غوږوالی

ørering

خولۍ

hue

کوټ بند

bøjle

خولۍ

hat

ټایی

slips

ځنځیر

lynlås

هیلمټ

hjelm

ترونکی

seler

د ښوونځي یونیفارم

skoleuniform

یونیفارم

uniform

بیب
hagesmæk

ګونګشی
sut

نیپي
ble

# دفتر
# kontor

سرور
server
د دوسیه الماری
arkivskab
پرینټر
printer
ورق
papir
مانیټور
skærm
ډیسک
skrivebord
ماوس
mus
فولډر
mappe
کي بورډ
tastatur
اشغالدانی
papirkurv
کمپیوټر
computer
چوکی
stol

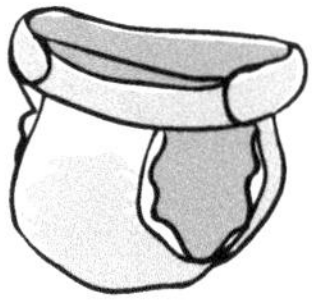

د کافي پیاله
kaffekrus

کالکولیټر
lommeregner

انټرنیټ
internet

لپ ټاپ

bærbar

لیک

brev

پیغام

besked

موبایل

mobil

نیټورک

netværk

فوټوکاپیر

kopimaskine

سافټویر

software

تلیفون

telefon

پلک ساکټ

stikdåse

فکس مشین

fax

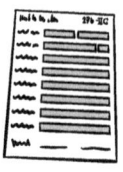

فارم

formular

سند

dokument

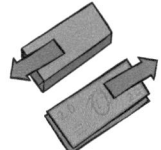

# økonomi

پیرل

købe

تادیه کول

betale

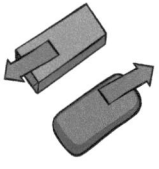

سوداګري کول

handle

پیسې

penge

ډالر

dollar

یورو

euro

ین

yen

ربل

rubel

سویسي فرانک

schweizerfranc

رینمینبي یوان

renminbi yuan

روپۍ

rupee

د نغدي پیسو ځای

hæveautomat

د اسعارو د تبادلي دفتر
.................
vekselkontor

سره زر
.................
guld

سپین زر
.................
sølv

تیل
.................
olie

انرژي
.................
energi

نرخ
.................
pris

قرارداد
.................
kontrakt

مالیه
.................
skat

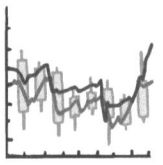

اسهام
.................
aktie

کار کول
.................
arbejde

کارمند
.................
ansat

کار گومارونکی
.................
arbejdsgiver

فابریکه
.................
fabrik

پلورنځی
.................
butik

# مسلکونه
# erhverv

د پولیسو افسر
politimand
د اطفایه غړی
brandmand
آشپز
kok
læge
پیلوټ
pilot

باغوان

gartner

نجار

tømrer

خیاط

syerske

قاضي

dommer

کیمیا پوه

kemiker

د فلم لوبغاړی

skuespiller

د بس ډرايور

buschauffør

د ټيکسي ډرايور

taxachauffør

کب نيونکی

fisker

خدمه

rengøringskone

بام جوړونکی

tagdækker

پيشخدمت

tjener

ښکاري

jæger

نقاش

maler

نانوا

bager

د برښنا کارکونکی

elektriker

تعمير جوړونکی

bygningsarbejder

انجنير

ingeniør

قصاب

slagter

نلدوان

vvs-mand

پوست رسونکی

postbud

سرتیری

................

soldat

مهندس

................

arkitekt

صراف .

................

kasserer

مالیار

................

blomsterhandler

نایی

................

frisør

کلینډر

................

togfører

میکانیک

................

mekaniker

کپتان

................

kaptajn

د غاښونو ډاکتر

................

tandlæge

ساینس پوه

................

videnskabsmand

ښاغلی

................

rabbiner

امام

................

imam

مذهبي نفر

................

munk

پادري

................

præst

# لوازم

# værktøj

hammer
پيچکش
skruedrejer
پلاس
tang
رينچ
skruenøgle
څراغ
lommelygte

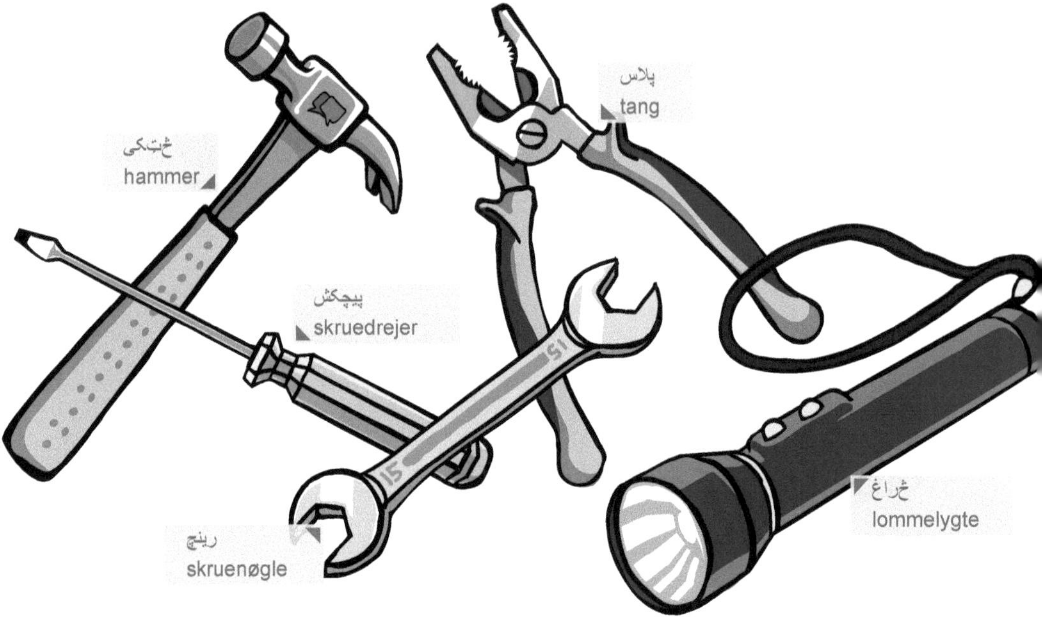

کنستونکی
................
gravemaskine

د لوازمو بکس
................
værktøjskasse

زينه
................
stige

اره
................
sav

ميخونه
................
søm

برمه
................
bor

ترمیم کول

reparere

بیل

skovl

لعنت!

Lort!

خاک انداز

fejebakke

مشوانی

malerspand

پیچونه

skruer

## د میوزیک آلات

# musikinstrumenter

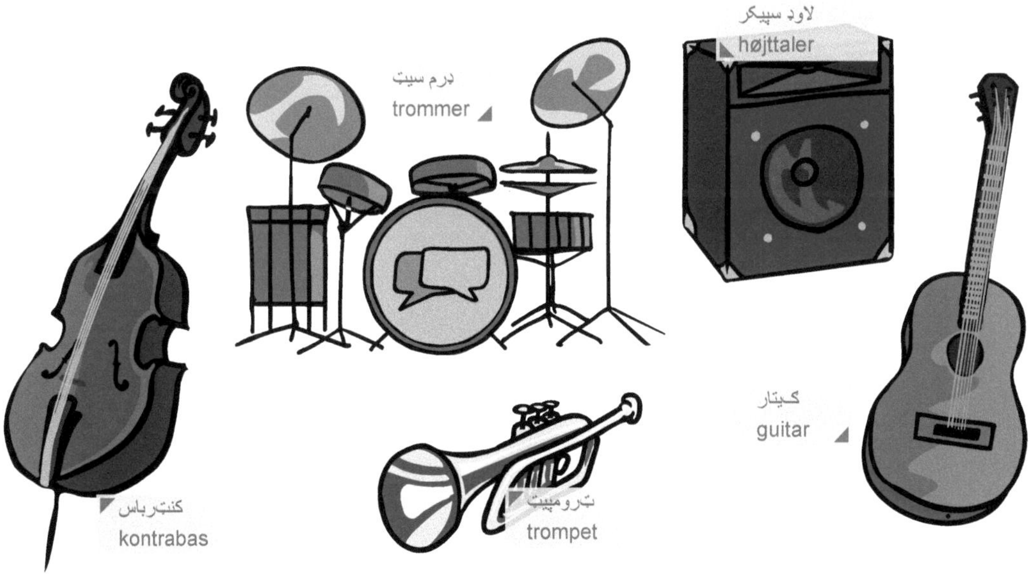

لاود سپیکر
højttaler

درم سیت
trommer ◢

کیتار
guitar ◢

کنترباس
kontrabas

ترومپیت
trompet

پیانو

klaver

وایلن

violin

باس

bas

نغاره

pauke

ډرمونه

tromme

کي بورډ

keyboard

سیکسافون

saxofon

شپیلی

fløjte

مایکروفون

mikrofon

# ژوبڼ
# ZOO

ننوتو لاره
indgang
tiger
پنجره
bur
ګوره خر
zebra
د ژویو خواره
dyrefoder
panda

ژوی
.................
dyr

هاتي
.................
elefant

کنګرو
.................
kænguru

د اوبو اسپ
.................
næsehorn

ګوریلا
.................
gorilla

ایږه
.................
bjørn

اوښ

kamel

شترمرغ

struds

زمری

løve

بيزو

abe

غزی

flamingo

طوطي

papegøje

قطبي ايږه

isbjørn

پينګوين

pingvin

شارک

haj

طاوس

påfugl

مار

slange

تمساح

krokodille

ژوبڼ ساتونکی

dyrepasser

سيل

sæl

جګوار

jaguar

یابو

pony

پړانګ

leopard

هیپو

flodhest

زرافه

giraf

باز

ørn

نرخوګ

vildsvin

کب

fisk

شمشتی

skildpadde

سمندري نولی

hvalros

ګیدړه

ræv

هوسی

gazelle

امریکایی فټبال
amerikansk football

سایکل ځغلول
cykling

تینیس
tennis

باسکیتبال
basketball

لامبو
svømning

د کنګل هاکي
ishockey

باکسینګ
boksning

فټبال
.................
fodbold

کسیزه
.................
badminton

د ځغاستی لوبی
.................
atletik

د هندبال
.................
håndbold

سکي
.................
skiløb

پولو
.................
polo

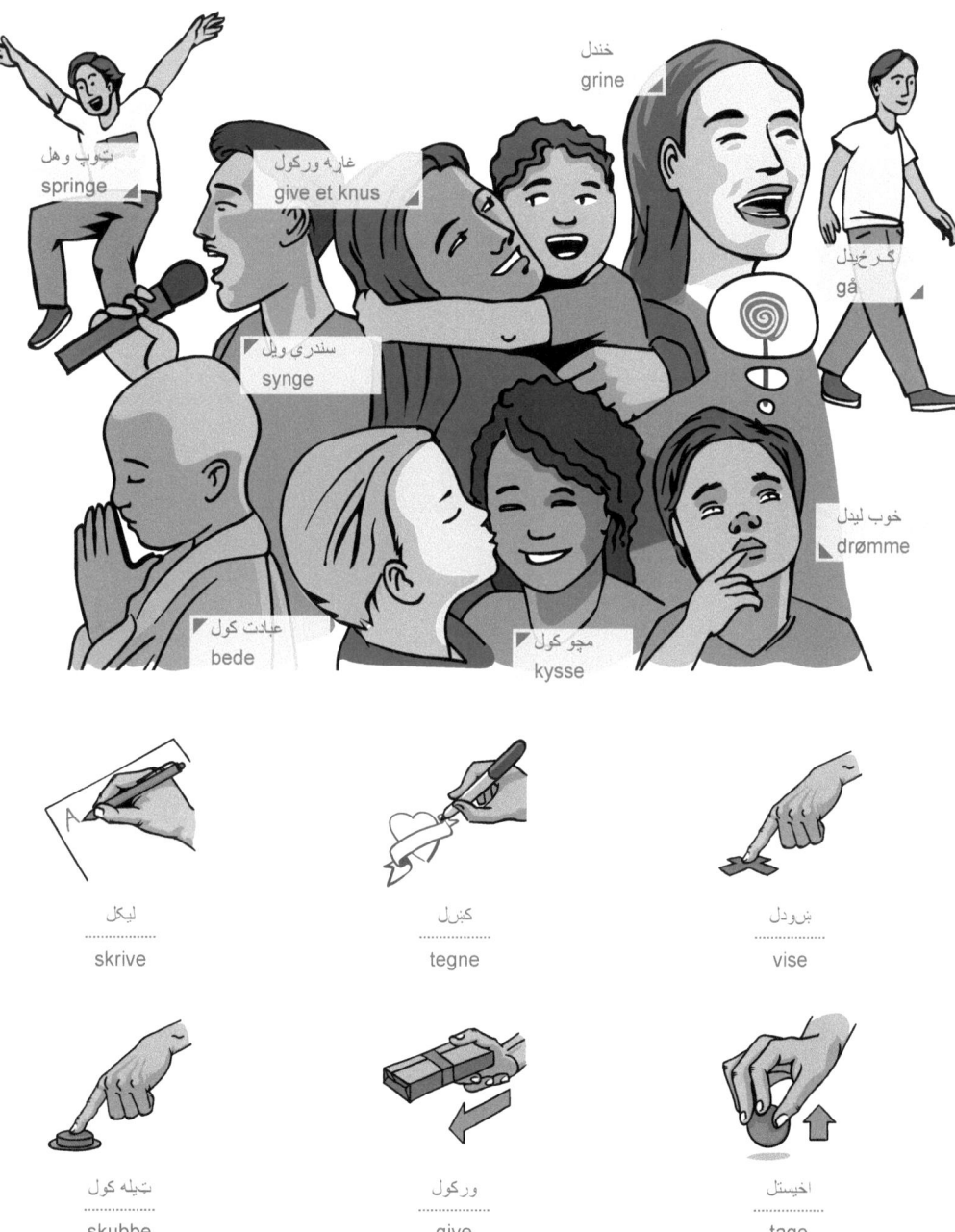

# فعاليتونه

# aktiviteter

ټوپ وهل
springe
غاړه ورکول
give et knus
خندل
grine
gå
سندرې ويل
synge
خوب ليدل
drømme
عبادت کول
bede
مچو کول
kysse

ليکل
.................
skrive

کښل
.................
tegne

ښودل
.................
vise

ټېله کول
.................
skubbe

ورکول
.................
give

اخيستل
.................
tage

درلودل

have

کول

gøre

پایېدل

være

ودرېدل

stå

منډې وهل

løbe

راکښل

trække

ګوزارل

kaste

لوېدل

falde

ځملاستل

ligge

انتظار کول

vente

وړل

bære

کښېناستل

sidde

پوښاک اغوستل

tage på

ویده کېدل

sove

پاڅېدل

vågne

کتل
................
se på

ژړل
................
græde

برید کول
................
ae

ګمنځ کول
................
kæmme

خبرې کول
................
tale

پوهيدل
................
forstå

غوښتل
................
spørge

اوريدل
................
høre

څښل
................
drikke

خوړل
................
spise

پاکول
................
rydde op

مينه کول
................
elske

پخلی کول
................
koge

موټر چلول
................
køre

الوتل
................
flyve

بیړۍ چلول
..................
sejle

حساب
..................
regne

لوستل
..................
læse

زده کول
..................
lære

کار کول
..................
arbejde

واده کول
..................
gifte sig med

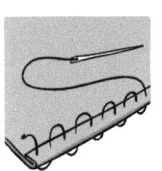

ګنډل
..................
sy

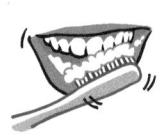

د غاښونو برس کول
..................
børste tænder

وژل
..................
dræbe

سګرټ څښل
..................
ryge

لیږل
..................
sende

# کورنۍ
## familie

نیا
bedstemor
نیکه
bedstefar
پلار
far
مور
mor
ماشوم
baby
لور
datter
زوی
søn

میلمه
gæst

ترور
tante

کاکا/ماما
onkel

ورور
bror

خور
søster

# بدن
# krop

تندی
pande
øje
مخ
ansigt
زنه
hage
سینه
bryst
ګوته
finger
لاس
hånd
arm
اوږه
skulder
پښه
ben

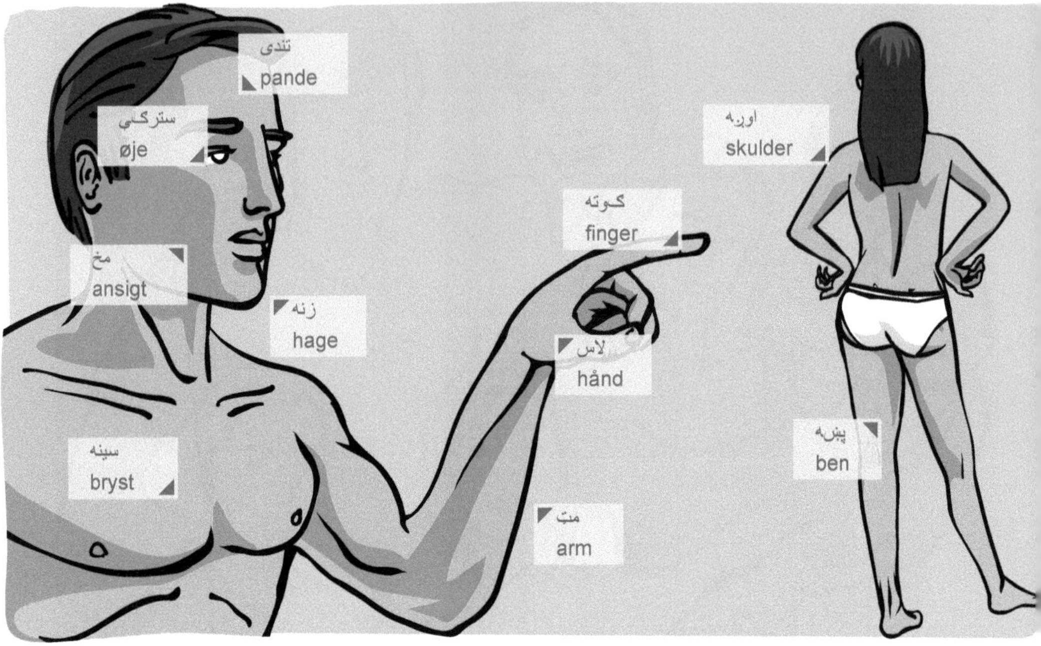

ماشوم

baby

سړی

mand

ښځه

kvinde

انجلۍ

pige

هلک

dreng

سر

hoved

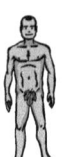

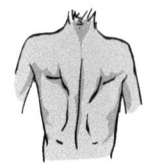

شا

ryg

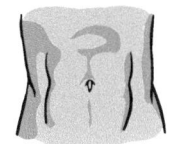

خیټه

mave

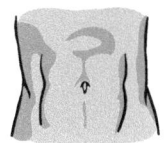

نوم

navle

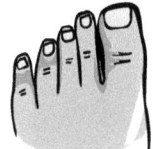

د پښې ګوته

tå

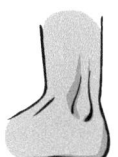

پونده

hæl

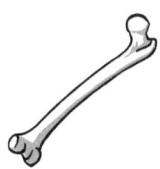

هډوکی

knogle

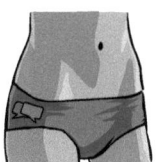

کوناټی

hofte

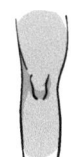

زنګون

knæ

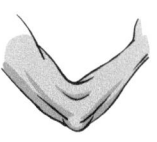

څنګل

albue

پوزه

næse

لاندې برخه

bagdel

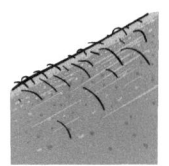

پوټکی

hud

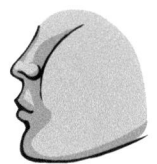

غومبوری

kind

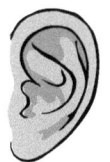

غوږ

øre

شونډه

læbe

خوله

mund

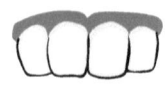

غاښ

tand

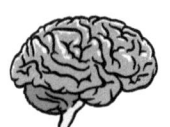

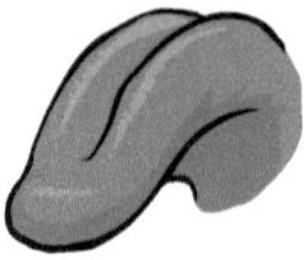

ژبه

tunge

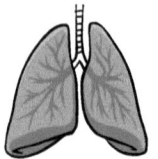

مغز

hjerne

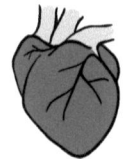

زړه

hjerte

عضله

muskel

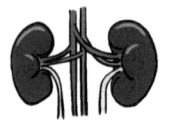

سږی

lunge

ځیګر

lever

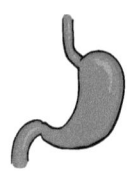

معده

mavesæk

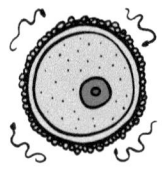

پښتورګي

nyrer

جنسي نږدې والی

sex

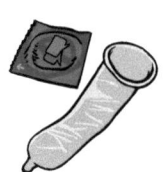

کانډوم

kondom

تخمه

ægcelle

مني

sperm

حمل

svangerskab

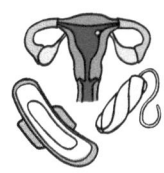

حیض
..................
menstruation

مهبل
..................
vagina

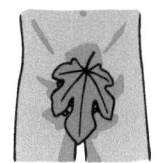

د نارینه تناسلي آله
..................
penis

وروځی
..................
øjenbryn

ویښته
..................
hår

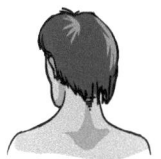

غاړه
..................
hals

# روغتون
# sygehus

امبولانس
ambulance
ویل چیر
kørestol
کسر
brud

ډاکټر

læge

عاجل خونه

akutmodtagelse

رنځورپال

sygeplejerske

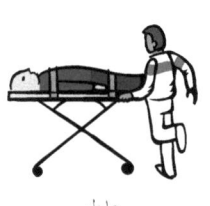

عاجل

nødstilfælde

بې هوش

bevidstløs

درد

smerte

ټپ

skade

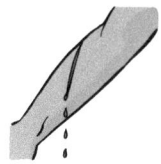

وينه تويدل

blødning

د زړه حمله

hjerteinfarkt

ضرب

slagtilfælde

حساسيت

allergi

ټوخی

hoste

تبه

feber

انفلوينزا

influenza

نس ناستی

diarré

سر درد

hovedpine

سرطان

kræft

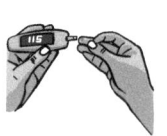

شکر

diabetes

جراح

kirurg

سکالپل

skalpel

عمليات

operation

سيټي
..................
CT

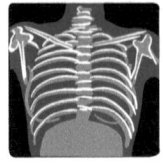

ايکس رې
..................
røntgen

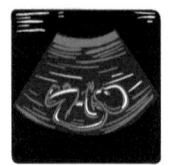

الټراساونډ
..................
ultralyd

د مخ ماسک
..................
maske

ناروغي
..................
sygdom

انتظار خونه
..................
venteværelse

امسا
..................
krykke

پلستر
..................
plaster

بنداژ
..................
forbinding

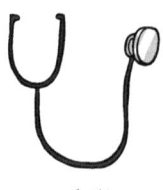

تزريق
..................
injektion

ستاتسکوپ
..................
stetoskop

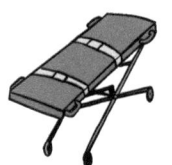

تسکيره
..................
båre

کلينکي ترماميټر
..................
termometer

زېږون
..................
fødsel

زيات وزن
..................
overvægt

د اوريدو مرسته

..................

høreapparat

د عفونيت څخه پاکونکي مواد

..................

desinficerende middel

عفونيت

..................

infektion

ويروس

..................

virus

ايچ.آی.وی/ايډز

..................

HIV / AIDS

درمل

..................

medicin

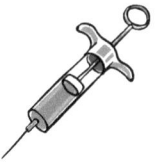

واکسين

..................

vaccination

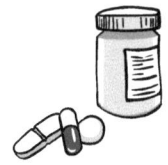

ټابليټس

..................

tabletter

ګولی

..................

pille

عاجل تليفون

..................

nødopkald

د ويني د فشار څارونکی

..................

blodtryksmåler

ناروغ/روغ

..................

syg / rask

# عاجل

# nødstilfælde

مرسته!

Hjælp!

الارم

alarm

یرغل

overfald

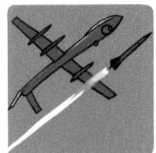

برید

angreb

خطر

fare

عاجل لاره

nødudgang

اور!

Det brænder!

د اور وژونکی

ildslukker

پیښه

uheld

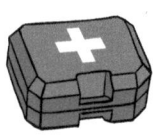

د لومړی مرستې لوازم

førstehjælps-kuffert

ایس.او.ایس

SOS

پولیس

politi

# خمکه
# Jorden

اروپا

..................

Europa

شمالي امریکا

..................

Nordamerika

سهيلي امريكا

..................

Sydamerika

افريقا

..................

Afrika

آسيا

..................

Asien

آسټريليا

..................

Australien

اتلانتيک

..................

Atlanterhavet

پاسيفيک

..................

Stillehavet

د هند بحر

..................

Indiske Ocean

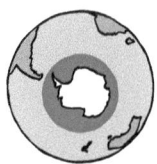

جنوبي منجمد بحر

..................

Sydlige Ishav

د شمال قطب بحر

..................

Ishav

شمالي قطب

..................

Nordpol

سهيلي قطب
..................
Sydpol

انټارکټيکا
..................
Antarktis

ځمکه
..................
Jorden

ځمکه
..................
land

بحر
..................
hav

ټاپو
..................
ø

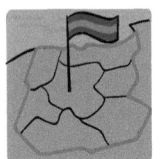

ملت
..................
nation

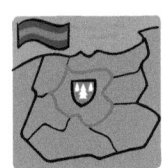

دولت
..................
stat

# ساعت

## ur

د مخي ساعت

..................

urskive

د ساعت ستنه

..................

timeviser

د دقيقي ستنه

..................

minutviser

د ثانيي ستنه

..................

sekundviser

څه وخت دی؟

..................

Hvad er klokken?

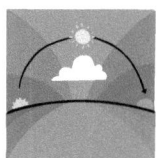

ورځ

..................

dag

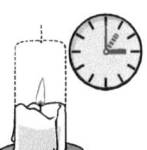

وخت

..................

tid

اوس

..................

nu

ډیجیټل ساعت

..................

digitalur

دقيقه

..................

minut

ساعت

..................

time

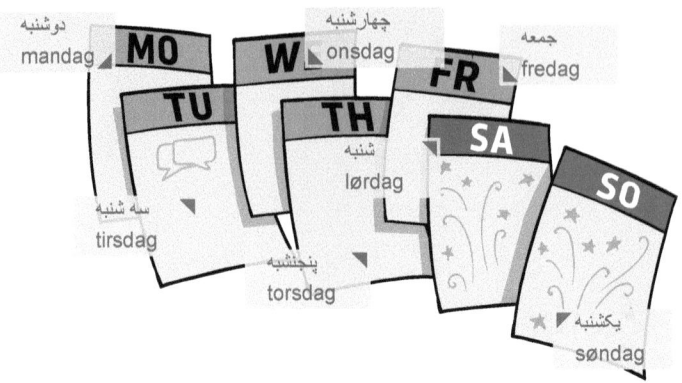

# اونۍ
## uge

پرون

i går

نن

i dag

سبا

i morgen

سهار

morgen

غرمه

middag

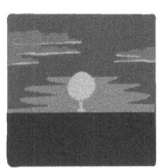

ماښام

aften

کاري ورځې

arbejdsdage

د اونۍ پای

weekend

# کال
## år

باران
regn
رنګین کمان
regnbue
باد
vind
واوره
sne
پسرلی
forår
اوړی
sommer
efterår
ژمی
vinter

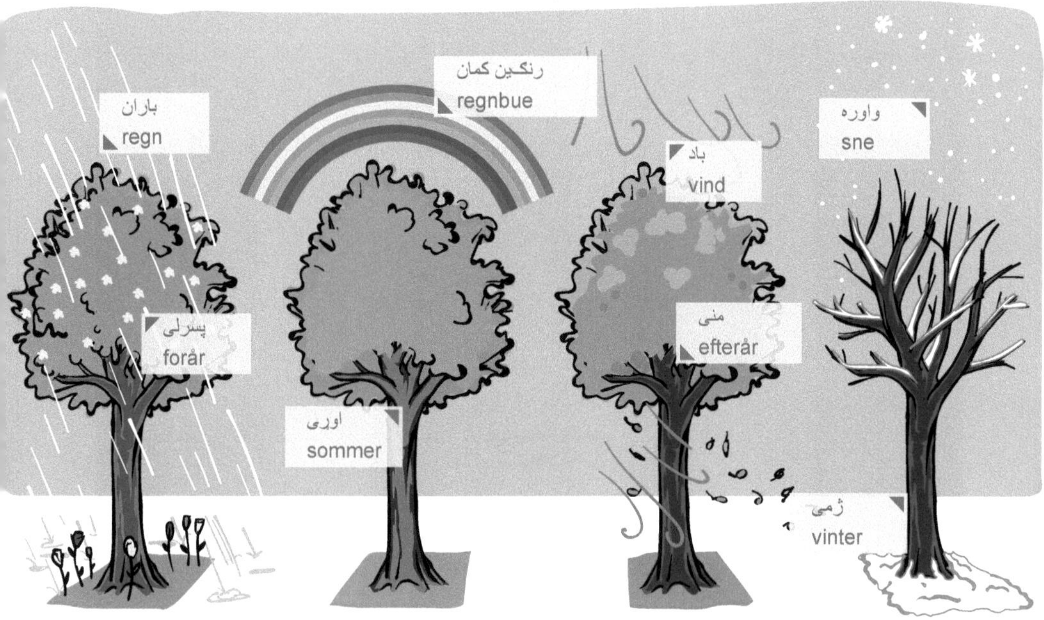

د موسم وړاندوینه
................
vejrudsigt

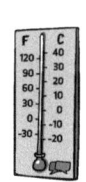

F

ترموميټر
................
termometer

د لمر وړانګې
................
solskin

وریځ
................
sky

لړه
................
tåge

رطوبت
................
luftfugtighed

رڼا

lyn

تندر

torden

توفان

storm

ږلی وریدل

hagl

مون سون باران

monsun

سیلاب

flod

یخ

is

جنوري

januar

فبروري

februar

مارچ

marts

اپریل

april

می

maj

جون

juni

جولای

juli

اګست

august

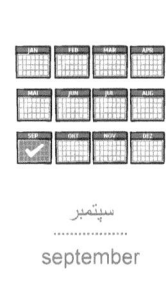

سپتمبر

september

اکتوبر

oktober

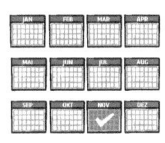

نومبر

november

دسمبر

december

## شکلونه

## former

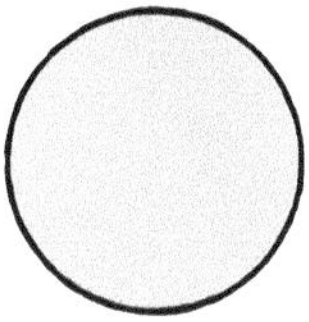

دایره

cirkel

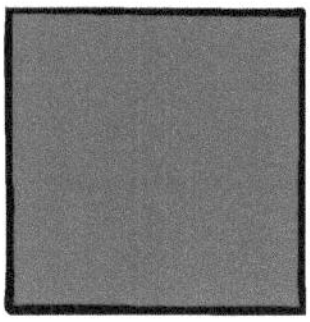

مربع

kvadrat

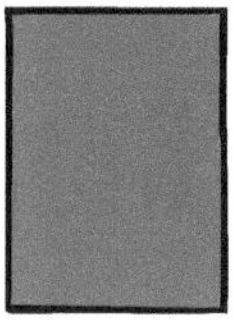

مستطیل

firkant

مثلث

trekant

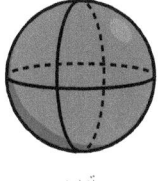

توپ

kugle

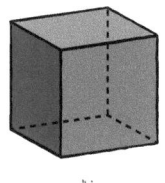

قال

terning

# رنگونه

# farver

سپین

hvid

ژیړ

gul

نارنجي

orange

ګلابي

pink

سور

rød

ارغواني

lilla

نیلي

blå

شین

grøn

نسواري

brun

خړ

grå

تور

sort

# modsætninger

خورا ډیر/خورا لږ

..................

meget / lidt

قار/ارام

..................

rasende / fredelig

ښکلی/بدشکله

..................

smuk / grim

پیل/پای

..................

begyndelse / slut

لوی/کوچنی

..................

stor / lille

روښانه/تیاره

..................

lys / mørk

ورور/خور

..................

bror / søster

پاک/ککړ

..................

ren / snavset

مکمل/نامکمل

..................

fuldkommen / ufuldkommen

ورځ/شپه

..................

dag / nat

مړ/ژوندی

..................

død / levende

پراخه/نری

..................

bred / smal

د خوراک وړ/نه خوړل کیدونکی

..................

spiselig / uspiselig

بد/مهربان

..................

vred / venlig

پاریدلی/بې خونده

..................

ophidset / kedet

چاق/وچ

..................

tyk / tynd

لومړی/وروستی

..................

først / sidst

ملګری/دښمن

..................

ven / fjende

ډک/تش

..................

fuld / tom

سخت/نرم

..................

hård / blød

دروند/سپک

..................

tung / let

لوږه/تنده

..................

sult / tørst

ناروغ/روغ

..................

syg / rask

غیرقانوني/قانوني

..................

illegal / legal

هوښیار/ساده

..................

intelligent / dum

کیڼ/ښي

..................

venstre / højre

نږدې/لرې

..................

nær / fjern

نوی/زوړ

ny / brugt

هیڅ/یوڅه

intet / noget

بډا/ځوان

gammel / ung

چالان/بند

tændt / slukket

خلاصه/تړلی

åben / lukket

غلی/لوړ غږ

stille / højt

بډایه/غریب

rig / fattig

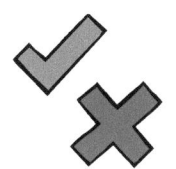

صحیح/غلط

rigtig / forkert

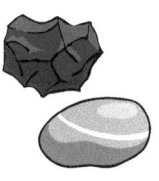

زیږ/ملایم

ru / glat

خفه/خوښ

ked af det / lykkelig

لنډ/اوږد

kort / lang

سست/ګړندی

langsom / hurtig

لوند/وچ

våd / tør

ګرم/یخ

varm / kold

جګړه/سوله

krig / fred

# شمیرې

## tal

| | | |
|---|---|---|
| 0 | صفر | nul |
| 1 | یو | en |
| 2 | دوه | to |
| 3 | درې | tre |
| 4 | څلور | fire |
| 5 | پنځه | fem |
| 6 | شپږ | seks |
| 7 | اوه | syv |
| 8 | اته | otte |
| 9 | نهه | ni |
| 10 | لس | ti |
| 11 | یولس | elleve |

| | | |
|---|---|---|
| 12 | 13 | 14 |
| دولس | دیارلس | څوارلس |
| tolv | tretten | fjorten |
| 15 | 16 | 17 |
| پنځلس | شپاړس | وولس |
| femten | seksten | sytten |
| 18 | 19 | 20 |
| اتلس | نولس | شل |
| atten | nitten | tyve |
| 100 | 1.000 | 1.000.000 |
| سل | زر | میلیون |
| hundrede | tusinde | million |

# ژبې
# sprog

انګلسي

engelsk

امریکایی انګلسي

amerikansk engelsk

چینایی مندرین

kinesisk mandarin

هندي

hindi

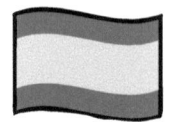

هسپانوي

spansk

فرانسوي

fransk

عربي

arabisk

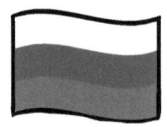

روسي

russisk

پرتګالي

portugisisk

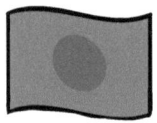

بنګالي

bengalsk

آلماني

tysk

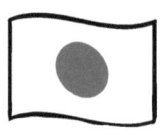

جاپاني

japansk

# څوک/څه/څنګه

# hvem / hvad / hvordan

زه

jeg

ته

du

هغه/دغه/دا

han / hun / den / det

موږ

vi

تاسي

I

دوی/هغوی

de

څوک؟

hvem?

څه؟

hvad?

څنګه؟

hvordan?

چيرې؟

hvor?

کله؟

hvornår?

نوم

navn

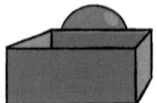

# چيرې
# hvor

شاته

bag

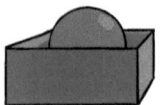

په

i

په مخه کي

foran

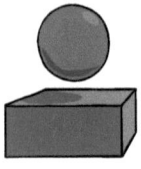

باندي

over

په

på

لاندي

under

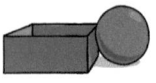

برسيره پر

ved siden af

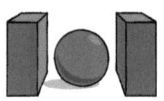

ترمينځ

imellem

ځای

sted